Zeitlang

Erkundungen
im unbekannten Bayern

Ein Buch von
Sebastian Beck & Hans Kratzer

Süddeutsche Zeitung Edition

SANCTE MORITVR
TVBA

Barro ALU-Bootsbau

Zeitlang

Im Bayerischen Wald lag einst auf 1100 Metern Höhe ganz versteckt das Dorf Leopoldsreut, in den frühen 1960er-Jahren wurde es abgesiedelt. Die Not dort droben war zu groß, schweren Herzens verließen die Handwerker- und Kleinbauernfamilien ihre Waldheimat und wohnten fortan in der Stadt.

Stilla Moritz, die letzte Bewohnerin von Leopoldsreut, erzählte Jahre später, ihr Vater habe sich im neuen Heim in Freyung gar nicht wohlgefühlt. Er sei immer schwächer geworden. Er habe gesagt, er vermisse die Geräusche des Waldes und das Rauschen des Quellwassers. Der alte Mann starb am Heimweh, ihn plagte eine unstillbare Zeitlang nach Leopoldsreut.

Zeitlang ist ein Gefühl, das den Kern der menschlichen Existenz berührt. In dem Wort steckt mehr Poesie als in einem Dutzend Schmalzromanen. Mit seiner Hilfe formulierten verliebte Jünglinge ihre Sehnsucht: „Ich hab‘ so Zeitlang nach Dir!"

In der Gegenwartssprache ist Zeitlang jedoch heillos verloren. Die grauen Advokaten der Rechtschreibreform haben das Wort malträtiert, indem sie es sinnlos trennten (Zeit lang). Deutschlehrer streichen Zeitlang in Schulaufsätzen rot an, obwohl sich große Dichter und Denker dieses Wortes mit Wonne befleißigten.

Zeitlang bedeutet nicht nur Heimweh und Sehnsucht, es drückt auch Langeweile aus. Ludwig Tieck, ein Dichter der Romantik, nannte die Langeweile „das schlimmste Pockengift, das sich in diese arme Welt eingeschlichen hat". Damals sah niemand, wie segensreich dieser Zustand für Geist und Seele ist.

Der Bildhauer Hans Wimmer wurde als Dorfbub häufig zum Sauhüten delegiert. Die dabei erlebte Langeweile hat er in seinen Erinnerungen bildhaft dargestellt: „Auf dem Rücken liegend, die Füße übereinandergeschlagen, einen Strohhalm im Mund, so ergaben wir uns der Faulenzerei." Die Omnipräsenz des Smartphones raubt den Kindern diese wichtige Erfahrung, sie erleben keine Zeitlang mehr.

Chrissie Hynde, die Sängerin der britischen Rockband The Pretenders sagte einmal, ihre kreativen Ausbrüche rührten einfach daher, „dass wir herumsaßen und nichts zu tun hatten".

1766
DB

Die Widersprüche des Landes Bayern treten besonders in seinen Landschaften zutage, die eine Vielzahl europäischer Geländeformen abbilden. Manchmal wirken sie theatralisch und extrovertiert wie jene Bergwelten, in die Wieskirche, Neuschwanstein und Linderhof eingebettet sind, manchmal sind sie monoton wie die Agrarsteppe des Gäubodens, und bisweilen zeigen sie eine schroffe, unberührte Weite wie die nördliche Oberpfalz und die Hochebenen der Allgäuer Alpen.

Land

Die Metamorphose vom Agrarland zur Industrieregion war von einer Radikalität ohnegleichen, sie hat Bayern von Grund auf verändert. Die Feldkreuze auf den Fluren rund um die modernen Logistikzentren wirken inzwischen wie ein Anachronismus. Ganze Bauerndörfer wurden stillgelegt und verströmen seither eine Fadesse, die durch die grenzenlos individualisierten Baustile der Moderne nicht geheilt wird. Straßen und Ortskerne sind puppenstubenhaft herausgeputzt, wirken aber, als sei darin jegliche Kommunikation erloschen. Die Häuser umgibt ein großes Schweigen.

Das Leben hat sich in die Gewerbegebiete mit all ihren Discountern, Tankstellen und Matratzen-Outlets verlagert, die von Berchtesgaden bis Aschaffenburg überall gleich aussehen. Wie aggressive Problempflanzen wuchern sie ins Land, aber sie erfüllen die Bedürfnisse einer hochmobilen Gesellschaft.

Der Schriftsteller Reinhard Raffalt sagte einmal, in Mitteleuropa gebe es kein Land, das so beharrlich wie Bayern daran festhielt, Fremdes aufzunehmen, zu verwandeln und dabei immer aufs Neue zum eigenen Wesen zu gelangen.

Aber so alt und flexibel sie auch sein mag, eine Gesellschaft, die im Sturmgebraus der Globalisierung um Orientierung ringt, ist gegen Absurditäten dennoch nicht gefeit. Sie betoniert ihre Wiesen zu und drückt ihre Heimatliebe mit bepflanzten Milchkannen aus.

FRANKEN

Am Bach

3

Tucher
Berggasthof
Tucher
P
CAFÉ
Altpapier

H
Sandberg
Berggasthof
VRG

Bayern habe die „herrlichsten Gegenden, und so ganz romantische Landschaften". Diese Schwärmerei, die einer modernen Tourismusbroschüre entnommen sein könnte, hat der Münchner Aufklärer Lorenz von Westenrieder bereits 1782 zu Papier gebracht. Zu einer Zeit also, als derlei Lobpreisungen noch keineswegs üblich waren.

Furche

Für die Reize einer Landschaft hatten die Menschen damals keinen Sinn, die Natur war ihnen mehr Feind als Freund, die Vermarktung von Bergen und Seen erschien ihnen als Utopie. Und trotzdem pflanzten die Baumeister der Barockzeit mit einem faszinierenden Sinn für Ästhetik Zwiebeltürme, Häuser und Höfe in die bäuerliche Landschaft hinein, so zeitlos treffend, dass die Tourismusregion Bayern bis heute von diesem Erbe zehrt.

Gleichwohl zeigt sie, wie der Römergott Janus, zwei Gesichter. Vor den Bergen breitet sich das Land so anmutig aus wie die alte Toskana, andernorts langweilt es mit der Ödnis endloser Maisäcker und Betonflächen, auf denen der Ackerbauer mit seinem Pflug keinen Platz mehr hat.

Bis in die 1960er-Jahre hinein dominierte über weite Strecken eine kleinteilige Landwirtschaft, deren Struktur zum Teil noch von den frühmittelalterlichen Benediktinerklöstern geformt worden war. „Herrlichstes Land", jubelte der Bischof Arbeo von Freising im 8. Jahrhundert, „überreich an Wäldern, fruchtbar an Wein, das Erdreich gesegnet…".

Angesichts der Zwänge der Moderne und der wirtschaftlichen Nützlichkeit wirkt eine solche Idylle mittlerweile wie eine Utopie. Die vergangenen 50 Jahre haben einschneidendere Veränderungen hervorgebracht als die fünf Jahrhunderte davor. Fruchtbare Felder leiden an der Überformung durch technoide Strukturen oder drastischer ausgedrückt: an Verschandelung. Sie wirken so fremd wie die Rückseite des Mondes. Das Land ist stets ein Spiegel der Menschen, ihres Handelns und ihrer Wünsche.

Südostbayernbahn

DEPOT
CMA CGM
seaco
HYUNDAI

Allerseelen

In den noch gar nicht so weit zurückliegenden Zeiten ohne Fernsehen und Internet brauchte es gute Geschichten und Mythen, um die Fantasie der Menschen zu nähren. Wenn es auf den November zuging, raunte man sich abergläubisch zu, in der Nacht auf Allerseelen verließen die Toten ihre Gräber, und dann tanzten sie im Schein der Grabkerzen über den Gottesacker.

Derlei Schauermärchen haben sogar die moderne Popkultur inspiriert. Der US-Sänger Michael Jackson veröffenlichte 1983 ein Video zu seinem Album „Thriller", das die Szenerie dieses alten bayerischen Friedhofsmythos auf verblüffende Weise widerspiegelt. In dem Streifen steigt eine Schar von Zombies aus Gräbern und Grüften, um dann zuckend und Angst erweckend über den Friedhof zu wandeln.

Es ist ein veritabler Totentanz, wie er in Form von Gemälden manch alte Wand in bayerischen Kirchen schmückt. Der Unterschied besteht nur darin, dass die schauerliche Szenerie auf der Filmleinwand mit den Rhythmen der Popmusik unterlegt ist. Die armen Seelen knüpfen in diesen Bildern ein festes Band zwischen Bayern und Amerika. Wie aus dem Nichts ist vor Jahren ein neuer Brauch entstanden. Seitdem begleiten die Kürbisfratzen und Spukgesichter sowie der Kommerz des amerikanischen Halloween-Kults das Totengedenken an Allerseelen.

Früher lief der kulturelle Austausch umgekehrt. Von Armut getrieben, suchten viele Bayern ihr Heil in Amerika, aber nur die wenigsten fanden es. In Wallfahrtsorten wie Altötting, Birkenstein und Maria Vesperbild künden Tausende Votivtafeln von ihren Nöten, ihren Hoffnungen, auch von erfahrener Hilfe. Und stets im Hintergrund: Memento mori, gedenke des Todes!

Am eindrücklichsten ist diese Mahnung in der Stiftskirche in Altötting zu spüren, wo der Tod von Äding, der bleiche Knochenmann, auf einem Uhrenkasten die Sense schwingt, jede Sekunde einmal, jede Sekunde ein gestorbener Mensch.

Einen der tröstlichsten Sätze zur Endlichkeit des Lebens dachte sich der Dichter Wilhelm Dieß für seine Erzählung „Madeleine Winkelholzerin" aus: „Der Tod hat dem Winkelholzer die Ehre angetan, ihn bei der Arbeit abzuholen, ohne ihn zu stören."

MARIA HAT GEHOLFEN
MARIA HAT GEHOLFEN DANKE!
MARIA HAT GEHOLFEN
Maria hat geholfen 17. 11. 2000
AVE MARIA

MARIA HAT GEHOLFEN ~ 1992 ~
MARIA hat wunderbar geholfen
MARIA HAT GEHOLFEN
MARIA HAT GEHOLFEN 2000
MÁRIÁNAK H. B.
MARIA HAT GEHOLFEN
MARIA HAT GEHOLFEN 17.5.2001
MARIA hat geholfen 1998
DANKE DIR
AVE MARIA

Maria hat wunderbar in
DANKE 2008 / 2009
DANKE MARIA
Maria hat geholfen
HL MARIA MUTTER GOTTES WIR BITTEN DICH HILF UNSERER ANGIE LASS SIE WIEDER GANZ GESUND WERDEN FÜR DIE BIS JETZT ERFAHRENE HILFE DANKEN WIR DIR
Unserer lieben Mutter Gottes für ihre Hilfe
Maria hat mir geholfen eine neue Arbeitsstelle zu finden. Danke
UND BITTE HILF EWIG.
Maria hat geholfen 2016
Danke für einen gesunden Sohn
DANKE A.T. 1997
Mutter Gottes hat geholfen Mutter Gottes hilft wieder
DANKE! MARIA HAT GEHOLFEN 1996 ANA

DANKE
Für das wertvollste Geschenk der Welt
EINE GESUNDE TOCHTER
Maria hat geholfen.
W.R. Günzburg 1972
Maria hat bei der Prüfung geholfen
Danke!
Maria hat geholfen
Obrigado por tudo
Maria hat geholfen
MARIA HAT GEHOLFEN
MARIA HAT GEHOLFEN 1996
MARIA HAT GEHOLFEN A·D·2004
HILF AUCH WEITER
Danke
für die Heilung
eines bösartigen Gehirntumors
Syrgenstein 2014
Ch. Wörle
Maria hat geholfen
MARIA HAT GEHOLFEN MANCHING
DANKE
EMILIO
Danke
HVALA TI DRAGA GOSPO
OBITELJ MILIČEVIĆ
St. MARIA
Danke für

Maria hat geholfen
Maria-
hat geholfen!
Von einer schweren
Blindarmoperation
Marias Fürbitte
gerettet

Kraft

Landestypische Tiere wie Milchkuh, Dackel oder Bräuross sucht man auf dem bayerischen Wappen vergeblich. Stattdessen prangt darauf seit 800 Jahren ein Löwe. Dem Münchner Denker Karl Valentin widerstrebte der Gedanke, dass ein Raubtier aus Afrika das Sinnbild Bayerns sei. Seine Partnerin Liesl Karlstadt erklärte ihm, der Löwe symbolisiere eben die Kraft des bayerischen Volkes. Dieses Argument überzeugte Valentin nicht, ein Bräuross habe doch viel mehr Kraft als ein Löwe, erwiderte er. „Spannens mal zwei Löwen vor einen Bierwagen an, ob die den Wagen über einen Berg ziehen können?"

Kraft und Robustheit genießen in Bayern seit jeher einen hohen Stellenwert. Der österreichische Schriftsteller Heimito von Doderer, der in den 30er Jahren in Oberbayern lebte, unterteilte die bayerische Bevölkerung in zwei Gruppen, und zwar in jene, welche von Beruf Metzger sind, und in jene, die nur so aussehen.

Kraftvolle Metzger haben das Land geprägt. Auch der Gewichtheber Josef Straßberger, der 1928 als erster Bayer überhaupt Olympiasieger wurde, war von seiner Statur her ein wohlbeleibter Metzger. Nicht zuletzt entwickelte sich der Metzgerssohn Franz Josef Strauß auf seinem Weg zum Großpolitiker zu einer veritablen Kraftnatur.

Hinter all der Kraftmeierei steckt nicht selten eine ausgeprägte Sensibilität, gewürzt mit Humor und Schlagfertigkeit. Die niederbayerische Hochzeitsladerin Renate Maier ist mit ihrer Goschn jederzeit imstande, bei einem Gstanzl-Battle eine Armada von Hiphop-Sängern niederzusingen. Nicht einmal die martialisch blaue Wand aus Sechzger-Fans in der Westkurve könnte sie schrecken.

Die Urkraft des Woid Woife, eines Dreizentnermanns aus dem Bayerischen Wald, ist dagegen gepaart mit einer sehr raren Sensibilität. Er spricht mit den Vögeln und lebt in seiner Waldhütte in einem selten gewordenen Einklang mit der Natur.

Eine solche von äußeren Einflüssen unbeirrte Art der Lebensführung pflegt auch der Künstler Anton Kirchmair, der in der Stille seiner böhmischen Grenzheimat viel über das Leben nachdenkt und dabei kluge Gedanken über die Mechanismen von Natur und Kunst entwickelt.

125
In Verbundenheit
Fahnenmutter
Marianne Kaspar
5.7.2009
Gewidmet von der
Fahnenmutter
Anni Aigner
Eggstetten
zum 100 jähr. Gründungsfest
mit Fahnenweihe
23.24. Juni 1984
Gewidmet zum 150 jährigen Gründungsfest
Feuerwehr der Stadt Braunau a. Inn
22.5.2016
Freiwillige Feuerwehr Eggstetten

Hl. Mutter Anna
bitte für uns!

1860
LASS ICH NIEMALS ALLEIN
MAGIC

SCHEISS FC BAYERN !!!
1860
TSV 1860
MÜNCHEN
TSV 1860

MEISTER
Red Bull
MÜNCHEN

Bärwurz-Pla

Metzgerei
Lohmer
Metzgerei
Lohmer

Folien

Wirtshäuser sprenkeln das gesamte Land, aber viele haben kein Leben mehr, verlassen ruhen sie im Herzen der Dörfer. Hier und dort hängt neben einer schweren Eichentür noch eine vergilbte Speisekarte, umrahmt von bröckelndem Wandputz. Auf dem Papier sind Schmankerl der alten Bauernküche verewigt, kraftvolle Gerichte wie Surbratl, Rehragout, Kalbsbrust, Böfflamott …

Böfflamott

Ganz wunderbar funkelt in diesen Bezeichnungen das regionale Idiom, besonders in den Einsprengseln aus allerlei Sprachen. Beim Böfflamott schimmert das französische Bœuf à la Mode durch, das Rindfleisch nach der Mode, in der soliden Wirtshausküche niemals drangsaliert vom Aktionismus eitler Fernsehköche.

Aberhunderte Gasthäuser sind für immer verloren, Herzkammern der Kommunikation, der Geborgenheit, des Lebens überhaupt. Wie der Tragerwirt im Rottal, der nach 400 Jahren ein jähes Ende fand. Gourmetköche, High-Tech-Küchen, Eventgastronomie, die gehobenen Ansprüche der Gegenwart können Dorfwirtschaften nicht erfüllen. In ihrer Schlichtheit verkörpern sie ganz einfach Heimat. Und wo tröpfelt die Zeit elegischer dahin als in einer alten Wirtsstube? Diese verdämmerten Nachmittage, an denen nur das Ticken des Regulators das Brummen und Schweigen einer Handvoll Männer vor ihren Bierkrügen begleitet.

Ohne Frauen kann ein Wirtshaus nur schwer existieren. Seelentrösterin, Psychologin, Lebensberaterin, das alles leistet eine gute Wirtin. Streng wie ein Armeegeneral und milde wie Mutter Teresa muss sie sein. Gehörtes bei sich behalten, den Alltagsstress der Gäste im ruhigen Gespräch lindern. Eine gute Bedienung und eine gute Wirtin ersetzen drei Therapeuten, sagt man.

Gasthaus Pechai
5
Dorfstr.
OANS
ZWOA
DREI

er

Maisel
Bayreuth
Maisel-Bräu
Jägermeister
Wie ich mich freu'
MAISEL-BRÄU

URKUNDE
Träger dieses Shirts ist schon
etwas älter !
bitte:
- Keine Bemerkungen über Gewicht, Haarfarbe, Hautfalten
- keine Vokabeln wie: "2.Lebenshälfte" oder "Rest",
- keine Rückfragen nach Sehstärke oder Hörvermögen
- keine sexuellen Anspielungen wie: "Ausdauer" oder "Häufigkeit"
und:
SPRECHEN SIE LANGSAM UND DEUTLICH !

URKUNDE

Tagtraum

Auf einer Anhöhe im Hügelland zwischen Isar und Inn thront erhaben und weithin sichtbar die Wallfahrtskirche St. Ägidius in Schildthurn. Von hier aus reicht der Blick über wellige Wiesen und Äcker bis weit ins Österreichische hinein, die Spitze des Großvenedigers ist gut zu erkennen.

Der spätgotische Turm, der als höchster Dorfkirchturm in Deutschland gepriesen wird, verpasst dieser Landschaft einen Akzent, der sie angenehm von jenen Regionen Bayerns abhebt, die der Fortschritt längst umformatiert hat. In der stillen Gegend um Schildthurn aber fühlen sich Besucher jeder Erdenschwere enthoben. Dorthin pilgern seit altersher Menschen mit allerlei Nöten und Anliegen, meistens aber werden die hier verehrten Heiligen bei Unfruchtbarkeit und Kinderwunsch um Beistand angerufen. Rund um die Kirche wirkt vieles wie zufällig hingetupft, und doch ist wie in einer Vedute alles harmonisch geordnet: das Wolkenspiel über den schwebenden Turmfalken, das verlassene Bushäusl, das Marterl am Straßenrand, der Lindenbaum neben der verwitterten Holzscheune, dazu das Bellen eines Hofhundes, das sich in der Ferne der Gehöfte verliert.

In einer solchen Landschaft kommt leicht das Gefühl auf, als verlangsame sich der Lauf der Zeit. Erinnerungen an jenes zauberhafte Bullerbü werden geweckt, das sich die Schriftstellerin Astrid Lindgren in ihrem Heim in Stockholm ausgedacht hat. Eine Stätte der Geborgenheit und ein Naturparadies, in dem Kinder barfuß über eine Wiese laufen, auf Bäume kraxeln, auf einer Schaukel juchzen und verschwenderische Tage voller Freiheit und Fantasie erleben dürfen.

6 t
Anlieger frei

Nagelschmid's

Sandbahnrennen auf der Langbahn in Pfarrkirchen, plötzlich ein Knall, er hört sich an wie ein Schuss aus einem Gewehr. Zum Glück hat nur ein hochgetunter Rennmotor seinen Geist aufgegeben. „Jetzt hat's ihn zerrissen!", raunt das Publikum.

Stehplatz

Die Untersätze der Sandbahnfahrer sind fast so empfindlich wie die Muskelfasern eines Sprinters. Es braucht Mut, um in rasender Fahrt im Beiwagen eines Seitenwagengespanns zu knien. Früher hießen die Beifahrer Schmiermaxe, aber das klingt viel zu harmlos. Ihr Job sieht höchst ungemütlich aus. Bei Tempo 120 halten sie die Maschinen, die keine Bremsen haben, mit waghalsiger Akrobatik auf Kurs. Die Gespanne driften Rad an Rad in die Kurven, Kopf und Körper fliegen nur wenige Zentimeter über der Fahrbahn dahin, manchmal brechen Knochen.

Auf den Rängen tummeln sich grau gewordene Ex-Fahrer und Schrauber. Ihr Ruhm ist längst verblasst, jetzt reden sie nur noch gescheit daher: „Mensch, da hätt' er doch innen vorbeigehen müssen!" Kein Fahrfehler entgeht ihren Blicken: „Du bist aus der Spur, steig doch auf die Vespa um!"

Sandbahnfahrer sind Außenseiter in der Glitzerwelt des Sports, Individualisten, die unbeirrt vom Kommerzgetöse ihrer Leidenschaft frönen. Sie bewegen sich in einem Reservat, ähnlich wie die Steilwandfahrer und die Bierzeltboxer. Ihre Fans streifen wie ein Wolfsrudel um sie herum, schnappen nach den Dämpfen aus Öl und Schmierstoffen. Und doch scheffeln ihre Helden keine Reichtümer. Für das Risiko der Steilwandfahrer in der Todeswand haftet keine Versicherung. 20 Euro, ein halbes Hendl und eine Mass Bier, das ist die Kampfgage für einen Bierzeltboxer, die Hiebe in dem mit Rauch und Hendlduft geschwängerten Boxring nicht eingerechnet. Eine große Investition für ein kleines Minutenglück.

Tribüne
3,- EUR

11

31

MAN
Ackerdiesel

Reihe 2
Herzlich Willkommen

Achtung!

adidas
adidas

adidas
adidas

BENLEE
BENLEE

trink-oase.co
Erfrischt.belebt.Aktiviert
tel 0 99 63/29 05 74 - www.trink-oase.
urstig?
hol dir die Erfrischung

BAYERWEIZEN

Liebelei

Stolze 130 Meter reckt sich der Ziegelturm der Basilika St. Martin in die Höhe, an manchen Tagen kratzt er an den Wolken. Allein schon, wie erhaben er am Eingang der Landshuter Altstadt thront, in bestechender Harmonie zu der sich dahinter öffnenden Häuserflucht, die eine Atmosphäre aus italienischer Leichtigkeit, bayerischer Lebensfreude und mittelalterlicher Grandezza verströmt. Die filigrane Statik des Bauwerks markiert die Grenze des technisch Machbaren. Bewunderer sehen darin ein Bauwerk von Weltformat. Der Schriftsteller Wilhelm Hausenstein wollte einst schwören, er habe nie eine Kirche schöner dastehen sehen.

Sogar der giftige Berliner Theaterkritiker Alfred Kerr verfiel in Begeisterung über das Landshuter Ensemble: „Jedenfalls ist man komplett selig, durch solche Straßen zu ziehen." Die Weiblichkeit war an seiner Begeisterung nicht ganz unschuldig. Autoren jeder Couleur wurden von den Mädchen dieser Stadt zu jauchzenden Oden inspiriert. Und mancher hat, wie der Dichter Frank Wedekind, im Überschwang ein Kind gezeugt.

Die spätgotische Rosenkranzmadonna des Bildhauers Hans Leinberger, die im rechten Seitenschiff der Martinskirche hängt, verkörpert nach Ansicht von Kunsthistorikern das weibliche Antlitz dieses Landstrichs in Vollendung, es wirkt ernst und mild, bäuerlich und herrschaftlich zugleich. Ihre Magie widersetzt sich dem Drängen der Zeit, ähnlich wie die opulente Fürstenhochzeit des 15. Jahrhunderts, die vital bis in die Gegenwart hineinwirkt.

Gefühlsmäßig kann ein Mensch der Jetztzeit kaum tiefer in das Mittelalter eintauchen als beim Festspiel „Landshuter Hochzeit 1475", das alle vier Jahre an die prunkvolle Vermählung der polnischen Königstochter Hedwig mit dem Herzogssohn Georg erinnert. Eine europäische Liebelei, in der Jetztzeit und Vergangenheit in einer grandiosen Dichte verwoben sind.

TELESHOP

24/GS

VOEST-ALPINE

Wenn die Einödbäuerin Katharina Walker auf ihrem Wiesbuckel in stummer Handarbeit das Heu auflud, dann streiften ihre Blicke am fernen Horizont die Alpenkette. In solchen Momenten erwachte in ihr die Sehnsucht. Sie hatte ihren bescheidenen Hof am ober- und niederbayerischen Grenzsaum ihr ganzes Leben lang nur selten verlassen. „Wenn ich nur amal die Berge aus der Nähe sehen könnte!“, seufzte sie oft. Sie wurde 90 Jahre alt, mit jeder Sonnwend sank die Hoffnung, ihr Traum ist nie in Erfüllung gegangen.

Sonnwend

Katharina Walker zählte zu den letzten Frauen im ländlichen Bayern, denen die Annehmlichkeiten der Moderne, Strom, Heizung, fließendes Wasser, versagt blieben. Anderswo hat der Fortschritt solche Randregionen früher erreicht, nicht selten lautlos und unbemerkt. „Du gehst tausendmal vorüber und es fällt dir nichts Besonderes auf“, schrieb der Schriftsteller Oskar Maria Graf. „Einmal aber – du kannst nicht einmal sagen, warum – siehst du: Es ist vieles ganz, ganz anders geworden!“ Auf diese Weise ist auch der Hof der Katharina verschwunden, ebenso die Telefonzelle, das Erdinger Moos und vielerorts der vertraute Klang des Dialekts.

Außerdem wurden alte Industrien hinweggefegt, sogar Stahlkolosse, die unverrückbar zu sein schienen wie die Maxhütte in der Oberpfalz, die nun still vor sich hinrostet.

Den Filmregisseur Pier Paolo Pasolini machten solche Bilder sentimental: „Es ist diese grenzenlose, vornationale und frühindustrielle Welt, der ich nachtrauere“, klagte er angesichts der Zeitenwende. Er hatte selber leidvoll erfahren, dass sich Umbrüche und die damit verbundenen Hoffnungen auf ein besseres Leben allzu oft als trügerisch erweisen.

In seinem Film „Der Mond ist nur a nackerte Kugel“ greift der Regisseur Jörg Graser die Träume der 18-jährigen Anni auf, die nur die enge kleine Welt des Bauernhofs kennt. Als sie endlich einer von dort wegholt, landet sie in der Wurstfabrik, abends wartet der Haushalt, dann der Fernseher. Nur Träume hat sie keine mehr.

TUBORG

Warteraum

Dienstraum

ZIGARETTEN

GLASW

R K

Anhang

001
002
003
004
005

006
007
008
009

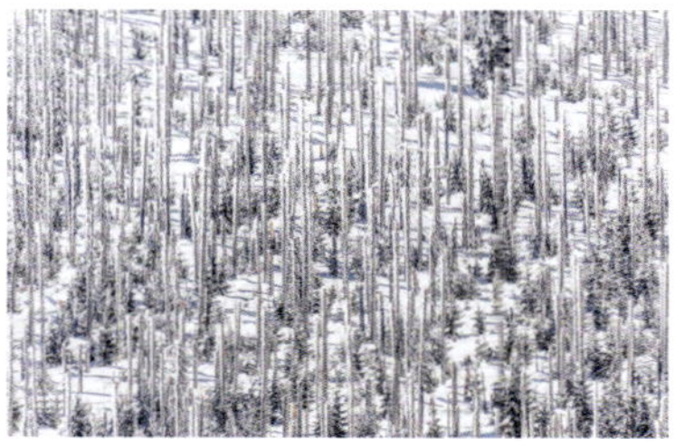

010
011
012
013

014
015
016
017

018
019
020
021

022
023
024
025

026
027
028
029

030
031
032
033

034
035
036
037

038
039
040
041

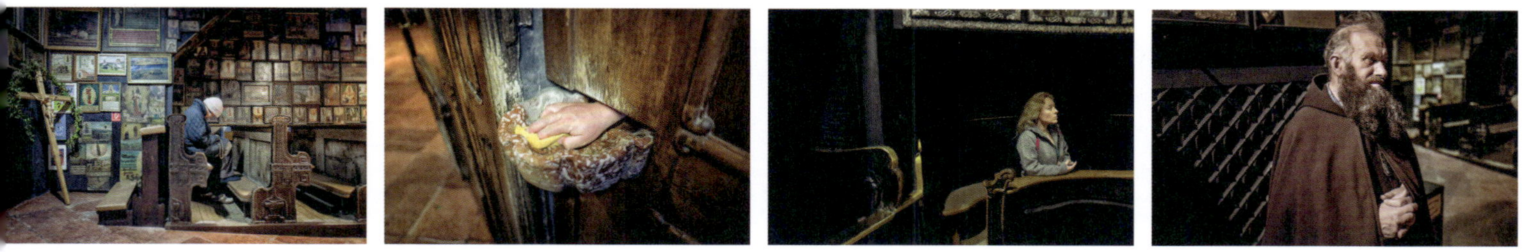

042
043
044
045

046
047
048
049

050
051
052
053
054

055
056
057
058
059
060

061
062
063
064

065
066
067
068
069

070
071
072
073
074

075
076
077
078

079
080
081
082

083
084
085
086
087

088
089
090
091

092
093
094
095
096
097

098
099
100
101
102

103
104
105
106

107
108
109
110

111
112
113

001 Störche, Eslarn, Oberpfalz, 2015 **002** Störche, bei Babenhausen, Schwaben, 2018 **003** Schleierfälle im Ammertal, Oberbayern, 2016 **004** Abstieg vom Rauhen Kulm, Neustadt am Kulm, Oberpfalz, 2017 **005** Gnadenkapelle Altötting, Oberbayern, 2016 **006** Hochschachten, Lindberg, Nationalpark Bayerischer Wald, Niederbayern, 2017 **007** Lusengipfel, Niederbayern, 2018 **008** Bläser auf der Landshuter Hochzeit, Landshut, Niederbayern, 2017 **009** Buchen im Steigerwald bei Ebrach, Oberfranken, 2014 **010** Dreisesselberg, Neureichenau, Bayerischer Wald, Niederbayern, 2015 **011** Hochofen der Maxhütte, Sulzbach-Rosenberg, Oberpfalz, 2017 **012** Sängersaal, Schloss Neuschwanstein bei Mondlicht, Schwaben, 2017 **013** Dorfweiher in Stoffenried, Schwaben, 2018 **014** Bauernhof in der Fränkischen Schweiz, Oberfranken, 2016 **015** Bauernhaus in Asbach, Rotthalmünster, Niederbayern, 2015 **016** Landschaft bei Erbendorf, Oberpfalz, 2015 **017** Bauernhof in der Fränkischen Schweiz, Oberfranken, 2016 **018** Waldlerhaus, Finsterau, Niederbayern, 2016 **019** Historische Grenzsteine zwischen Bayern und Böhmen, Furth im Wald, Oberpfalz, 2015 **020** Ortsdurchfahrt von Gollmuthhausen, Unterfranken, 2015 **021** Altstadt von Merkendorf, Mittelfranken, 2018 **022** Schaufenster, Neukirchen beim Heiligen Blut, Oberpfalz, 2015 **023** Wohnviertel in Vöhringen, Schwaben, 2018 **024** Kapelle und Garagen, Grafenau, Niederbayern, 2015 **025** Ortsdurchfahrt von Sandberg, Unterfranken, 2015 **026** Solardächer in Degersheim, Mittelfranken, 2018 **027** Gäuboden, Stephansposching, Niederbayern, 2015 **028** Baustelle der A94 bei Lengdorf, Oberbayern, 2014 **029** Landschaft bei Waldkirchen, Niederbayern, 2015 **030** Spargelfeld und Spanplattenfabrik, Plattling, Niederbayern, 2015 **031** Vogelscheuche, Hettenkofen, Niederbayern, 2015 **032** Feldarbeiten bei Roggenburg, Schwaben, 2018 **033** Windkraftanlagen, Mödlareuth, Oberfranken, 2015 **034** Rottalbahn, Bayerbach, Niederbayern, 2016 **035** Baustelle des BMW-Logistikzentrums, Wallersdorf, Niederbayern, 2017 **036** Gewerbegebiet in Niedernberg, Unterfranken, 2015 **037** Baustelle der A94 mit Lindumer Kirche, Dorfen, Oberbayern, 2014 **038** Pilgerin vor der Gnadenkapelle, Altötting, Oberbayern, 2016 **039** Gartenhaus der Resl von Konnersreuth, Konnersreuth, Oberpfalz, 2015 **040** Wallfahrtsort Maria Vesperbild, Ziemetshausen, Schwaben, 2018 **041** Votivtafeln in Maria Vesperbild, Ziemetshausen, Schwaben, 2018 **042** Pfingstsonntag, Gnadenkapelle, Altötting, Oberbayern, 2016 **043** Putzarbeiten, Gnadenkapelle, Altötting, Oberbayern, 2016 **044** Betende Frau in der Gnadenkapelle, Altötting, Oberbayern, 2016 **045** Bruder Karl, Gnadenkapelle, Altötting, Oberbayern, 2016 **046** Pfarrer Josef Starnecker feiert den Rosenkranz, Altötting, Oberbayern, 2016 **047** Nach der Morgenmesse, Altötting, Oberbayern, 2016 **048** Lusengipfel, Niederbayern, 2018 **049** Branko Hug, Waldarbeiter bei Zimmern, Niederbayern, 2016 **050** Anton Kirchmair, Bildhauer, Grafiker, Autor, Haidmühle, Niederbayern, 2017 **051** Johann Muselmann, Einödbauer in Rothenaign, Niederbayern, 2017 **052** Josefa Singer, Wirtin und Dichterin, Bayrisch Häusl, Oberpfalz, 2016 **053** „Schnupfer Xare" Xaver Multerer, Lohberghütte, Oberpfalz, 2018 **054** Walter Hager, Freiwillige Feuerwehr Simbach, Niederbayern, 2017 **055** „Helmi" Erich Bittner, Grünwalder Stadion, München, 2017 **056** Philipp Groß, Grünwalder Stadion, München, 2017 **057** Renate Maier, Gstanzlsängerin, Schardenberg, Oberösterreich, 2018 **058** Leonhard Biermaier als Heiliger Sebastian beim Stephani-Ritt, Erharting, Oberbayern, 2016 **059** Ferdinand Pongratz, Grünwalder Stadion, München, 2017 **060** „Woidwoife" Wolfgang Schreil, Bodenmais, Niederbayern, 2018 **061** Georg Ramel, Rentner, Asbach, Niederbayern, 2015 **062** „Junior" Bernd Zangenfeind, Gitarrist von Root Bootleg, Oberbayern, 2010 **063** Ludwig Lohmer, Metzgermeister Wurmannsquick, Niederbayern, 2017 **064** Maria Mühlberger, Kauffrau, Kößlarn, Niederbayern, 2017 **065** Küche des Tragerwirts, Neumarkt-Sankt Veit, Oberbayern, 2015 **066** Günter Leitner, FC Bayern-Fanclub Red Bulls Taubenbach, Noppling, Niederbayern, 2017 **067** Wursten in der Metzgerei Lohmer, Wurmannsquick, Niederbayern, 2017 **068** Wirtin Reserl Trager in ihrer Küche, Neumarkt-Sankt Veit, Oberbayern, 2015 **069** Schlachttag in Wurmannsquick, Niederbayern, 2017 **070** Wirtinnen Doris und Rosemarie Burucker, Gasthaus Rotes Roß, Erbendorf, Oberpfalz, 2016 **071** Gaststube im Tragerwirt, Neumarkt-Sankt Veit, Oberbayern, 2015 **072** Wallfahrtskirche Schildthurn, Zimmern, Niederbayern, 2016 **073** Landschaft bei Bad Rodach, Haßberge, Oberfranken, 2015 **074** Bushaltestelle bei Eggenfelden, Niederbayern, 2017 **075** Traumschaukel, Volksfest Furth im Wald, Oberpfalz, 2015 **076** Flurumgang, Rotthalmünster, Niederbayern, 2017 **077** Wallfahrtskirche Schildthurn, Zimmern, Niederbayern, 2017 **078** Drachenstich, Furth im Wald, Oberpfalz, 2015 **079** Dorfweiher Stoffenried, Schwaben, 2018 **080** Deutsche Meisterschaften im Seitenwagen-Sandbahnrennen, Pfarrkirchen, Niederbayern, 2016 **081** Holztribüne an den Rennbahn, Pfarrkirchen, Niederbayern, 2016 **082** Deutsche Meisterschaften im Seitenwagen-Sandbahnrennen, Pfarrkirchen, Niederbayern, 2016 **083** „Don Strauß" Donald Ganslmeier, Steilwandfahrer, Oktoberfest München, 2018 **084** Feldarbeiten an der ehemaligen innerdeutschen Grenze, Mödlareuth, Oberfranken, 2015 **085** Jaroslav Fabric, Schwergewichtsboxer, Simbach, Niederbayern, 2018 **086** Robin Maier, Boxer, Eggenfelden, Niederbayern, 2018 **087** Boxkampf auf dem Volksfest, Simbach am Inn, Niederbayern, 2018 **088** Heinz Winter, Boxtrainer, Eggenfelden, Niederbayern, 2018 **089** Manuela Schmidt, Ringmädchen, Deggendorf, Niederbayern, 2018 **090** Anna Bauer als Edeldame, Landshuter Hochzeit, 2017 **091** Langhaus der Martinskirche, Landshut, Niederbayern, 2018 **092** Karl-Heinz Attenkofer als Fahrender Komödiant, Landshuter Hochzeit, 2017 **093** Johanna Gandorfer als polnische Fürstin zu Pferde, Landshuter Hochzeit, 2017 **094** Julia Wiesner als Freifrau von Eyb, Landshuter Hochzeit, 2017 **095** Joachim Rogos als Fechtmeister, Landshuter Hochzeit, 2017 **096** Georg Spitzlberger als Ritter von Staudach, Landshuter Hochzeit, 2017 **097** Petra Hermann als Amalie, Herzogin von Ober- und Niederbayern, Landshuter Hochzeit, 2017 **098** Anna Hermann als polnische Hofmeisterin, Landshuter Hochzeit, 2017 **099** Stahlwerk Maxhütte, Sulzbach-Rosenberg, Oberpfalz, 2012 **100** Blick auf die Maxhütte, Sulzbach-Rosenberg, Oberpfalz, 2017 **101** Stahlwerk Maxhütte, Sulzbach-Rosenberg, Oberpfalz, 2012 **102** Aufenthaltsraum am Hochofen der Maxhütte, Oberpfalz, 2017 **103** Bahnhof Reichertshofen, Schwaben, 2018 **104** Stahlwerk Maxhütte, Sulzbach-Rosenberg, Oberpfalz, 2012 **105** Burgruinen Eisenberg und Hohenfreyberg, Eisenberg, Schwaben, 2018 **106** Glaskathedrale Amberg, Architekt Walter Gropius, Amberg, Oberpfalz, 2016 **107** Glaskathedrale Amberg, Architekt Walter Gropius, Amberg, Oberpfalz, 2016 **108** Fußballplatz in Haidmühle, Niederbayern, 2018 **109** Schrecksee, Schwaben, 2018 **110** Seziertisch im Krematorium der KZ-Gedenkstätte, Flossenbürg, Oberpfalz, 2017 **111** Cranach-Saal, Fränkische Galerie, Kronach, Oberfranken, 2015 **112** Störche, bei Babenhausen, Schwaben, 2018 **113** Störche, Eslarn, Oberpfalz, 2015

Ein Buch von Sebastian Beck & Hans Kratzer **Fotos** Sebastian Beck **Texte** Hans Kratzer **Projektleitung** Till Brömer & Anne Milachowski **Gestaltung** Philipp von Keisenberg **Herstellung** Hermann Weixler & Thekla Licht **Druck & Bindearbeiten** optimal media GmbH / Printed in Germany **ISBN** 978-3-86497-489-2